KB220348

차동엽 신부 유고시집 ❷ 너는 내 사랑

Nihil Obstat:
Rev. Pius Lee
Censor Librorum
Imprimatur:
Most Rev. John Baptist JUNG Shin-chul, S.T.D., D.D.
Episcopus Dioecesanus Incheonensis
2020. 2. 6.

차동엽 신부 유고시집 ❷

너는 내 사랑

교회인가 2020년 2월 6일
초판 1쇄 발행 2020년 2월 10일
초판 8쇄 발행 2020년 9월 21일

지음 차동엽
엮음 김상인

펴낸이 (사)미션3000
펴낸곳 위즈앤비즈
디자인 박은영
주소 경기도 김포시 고촌읍 신곡로 134
전화 031-986-7141 **팩스** 031-986-1042
출판등록 2007년 7월 2일 제409-3130000251002007000142호

ISBN 978-89-92825-98-6 03230
값 8,000원

차동엽 신부
유고시집 ❷

너는 내 사랑

차동엽 지음 / 김상인 엮음

위즈앤비즈
Wisdom & Vision

그리운 이름…
차동엽 노르베르또 신부님

'감사합니다'

아직도 귓전에 울리는 말입니다. 병실을 떠나는 저에게 뒤통수에 대고 한 가장 마지막 말입니다. 참 그립습니다. 열정에 가득 차서 강의를 하고, 뭔가 깊이 생각하면서 일을 만들어 내고, 그것을 조리 있게 설명하고, 늘 교회와 사람에 대한 생각으로 가득 찬 시간을 보낸 신부님입니다.

신부님을 하느님께 보내면서 과거 신학생 시절부터의 일들이 머리를 스쳐지나 갔습니다. 원래 신부님은 성서를 공부했습니다. 하느님의 말씀을 더 깊이 알아듣고 싶다고, 하지만 갓 서품을 받고 만난, 차 신부님은 사목신학을 공부하겠다고 했습니다. 왜 그러냐고 물어보니 성서 공부도 중요하지만, 더 근본에는 그것을 잘 전달하고 알게 하는 것이 중요하다고 했습니다.

유학 시절 비엔나 거리를 같이 걸으면서 신부님은 어떻게 신자들에게 쉽게 재미있게 하느님을 알려주어야 할지를 설명해 주곤 했습니다. 그리고 제가 공부를 마치고 귀국하니, 어쭙잖은 누산리 공소에 미래사목연구소를 만들어 놓고 '가끔 도와줘'라고 이야기했습니다.

'사목정보'를 출간할 때 같이 참여하고, 한 꼭지를 맡아 글을 연재도 하면서, 더 가까이서 차 신부님을 만날 수 있었습니다. 뭐가 그렇게 바쁜지… 시간에 쫓기듯 자신이 생각한 모든 일을 다그치듯이 주변 사람들에게 지시하였습니다. 시간이 부족했다는 것을 무의식적으로 알았던 것 같습니다. 하느님이 자신에게 준 세상의 시간이….

보좌주교로서 총대리로 일할 때, 차 신부님은 저에게 멘토였습니다. 사목적 어려움을 질문할 때 거대한 지평 속에서 현재 무엇을 해야 할지를 꼭 집어내 주는 족집게 도사였습니다.

하지만 병이 온몸에 퍼지면서 그 논리적 말들과 글들이 줄어드는 것을 느낄 수 있었습니다. 시적으로 그 많은 내용을 함축하여 표현하고자 했던 것 같습니다. 특별히 홍승모 몬시뇰의 '신랑이 왔다'의 묵상글 끝에 붙인 작은 시구들은 복음의 정곡을 찌르는 느낌을 받습니다.

차동엽 노르베르토 신부님은 이제 만날 수 없습니다. 하지만 신부님의 삶 전체를 통해 보여준 모든 것에 대해, 이제는 제가 하느님만 바라보고 있을 신부님 뒤통수에 대고 말하고 싶습니다.

'감사합니다'

천주교인천교구장

정신철 요한세례자 주교

희망을 노래한 시인

사랑하는 마음이 커지면 콧노래가 저절로 나오고 사용하는 말도 아름다워지는 경험을 하게 됩니다. 故 차동엽(노르베르또) 신부님께서도 하느님을 사랑하는 마음이 커질수록 시로써 당신의 마음을 표현하고 싶어 하셨습니다.

희망의 전도사로 우리에게 큰 사랑을 받아온 차동엽 신부님은 당신의 수많은 저서를 통해서 많은 사람의 아픈 마음을 위로해 주시고 용기와 희망을 품게 해 주셨습니다. 그러면서 2015년부터 『참 소중한 당신』과 『사목정보』 잡지를 통해 당신의 시를 꾸준히 연재하셨습니다.

그 시는 각 시대와 상황 속에서 신부님의 삶과 묵상이 녹아 들어간 시였습니다. 그리고 궁극적으로 하느님께 대한 사랑과 희망을 노래한 시였습니다.

차동엽 신부님께서는 생전에 당신의 시에 대해서 책으로 엮어달라고 부탁하신 적이 있었습니다. 이러한 뜻을 비록 신부님께서 살아계실 때 선물해 드렸으면 더 좋았겠지만, 지금이라도 신부님의 뜻을 기리며 신부님을 그리워하고 사랑하는 분들과 함께 나누고자 합니다.

이 유고시집은 1권과 2권으로 되어있습니다. 각 권의 제목은 차동엽 신부님께서 평소에 즐겨 사용하셨고 사랑하셨던 표현('참 소중한 당신', '너는 내 사랑')으로 선택하였습니다.

1권 『참 소중한 당신』에는 진정으로 소중한 우리에게 옛 추억들과 위로, 행복에 대한 당신의 생각을 전하고픈 신부님의 마음이 담겨 있습니다.

2권 『너는 내 사랑』은 하느님께 대한 사랑을 노래한 시로 구성되어 있으며, 주로 믿음, 희망, 사랑에 대한 차 신부님의 마음을 느낄 수 있고 성모님과 새로운 도전에 대한 희망적인 메시지도 발견할 수 있습니다.

차 신부님의 시를 정리하고 11개의 주제로 엮어가면서, 신부님께서 얼마나 인생을 열심히 그리고 기쁘게 살아가려고 했는지 느낄 수 있었습니다. 또한, 그 바탕에는 하느님에 대한 깊은 신앙심이 있었고 그분을 얼마나 사랑했는지에 대해서 시 곳곳에서 발견할 수 있었습니다.

차 신부님의 시를 읽으면서, 특히 구약의 '시편'을 사랑한 신부님께서는 어떻게 보면 한 생을 하느님에 대한 사랑을 노래한 시인이었구나 하는 느낌이 듭니다. 그리고 이러한 사랑의 시 속에서 신부님께서는 '희망'을 간직하고 있었고 다른 이들에게도 희망을 품게 하는 노래꾼이었다고 생각합니다.

차동엽 신부님의 유고시집을 통해 그리워지고 보고 싶은 맘이 조금이나마 위로받으시길 바랍니다. 아울러 차동엽 신부님께서 그토록 희망했던 것이 무엇인지, 우리도 천천히 시를 읽으면서 발견하고 희망하길 소망합니다.

2020년 주님 봉헌 축일에
김상인 필립보 신부

목차

2. 새로운 노래

3. 사랑의 기쁨

4. 어머니

5. 새로움의 탄생

PART 01

당신의 이름

은혜의 때

죄짓지 않았어도 회개하고 싶은 때가 있지.
다투지 않았어도 화해하고 싶은 때가 있지.
슬프지 않아도 눈물 흘리고 싶은 때가 있지.

더 큰 사랑을 위하여,
더 뜨거운 포옹을 위하여,
더 진한 기쁨을 위하여,

죄 없이 무릎 꿇는 회개.
다툼 없이 손 내미는 화해.
슬픔 없이 흘리는 눈물.
(『참 소중한 당신』 2016년 6월 호)

자칭 바보

바보는 천사(天使)일지도 모른다.
길 잃은 우리의 발걸음을 인도하는
수호천사일지도 모른다.

바보는 아바타(Abata)일지도 모른다.
때 묻은 우리 가슴을 정화시켜주기 위해 화신(化身)이 된
'순수'의 아바타일지도 모른다.

어쩌면 바보는 메시아(Messiah)일지도 모른다.
생의 뒤안길에서 신음하는 그 한 사람을 구하기 위해
사람의 몸을 입은,
하늘이 보낸 메시아일지도 모른다.

『참 소중한 당신』 2019년 9월 호)

딸아, 너만 알아라

딸아,
하늘이 감동하면
'마른하늘에도 비가 내린다'
고 나는
네 할머니에게서 배웠다.

딸아,
하늘은 눈물에 약하다.
하늘은 몰래 한 적선에 동한다.
마음의 거래에서 손해 보는 장사를 했더니
서른 배, 예순 배, 백 배로 갚아주시더라.

딸아,
지혜는 바보스럽다.
그를 붙들어라.
영광이 너와 네 아이들 것이다.
너희 걸음마다 길한 축복이 호위하리라.

(『참 소중한 당신』 2017년 10월 호)

명절에 부는 온풍

너 믿음의 족속아,
이쪽이냐 저쪽이냐 싶을 때는
십계명의 일러줌을 따르련

너 믿음의 후예야,
이것이냐 저것이냐 가물거릴 때는
잠언의 지혜에 귀를 기울이련

너 믿음의 미래야,
죽느냐 사느냐가 걸려 있을 때는
네 "참 아비신 분"께 매달리련

『참 소중한 당신』 2019년 2월 호)

슬픔에서 건져 올린 기쁜 소식

스러진 싸리나무 틈서리에 배를 깔고
낙심한 가슴에 코를 박은 채
긴긴밤 들썩이는
목동 잃은 양의 어깨 위로,
사랑이 눈처럼 소복이 내리며
말하네.
"이불이라도 덮고 자렴!"

동틀 어스름
허기진 배를 부질없이 핥아대며
늦겨울 가뭄을 견디는
양 떼들의 초라한 축사 위로,
사랑이 아침 이슬처럼 촉촉이 내리며
말하네.
"목이라도 축이렴!"

이제나저제나
양 떼들 안녕에 부심하다가
겨우 선잠 든
목동의 눈동자 언저리에
사랑이 꿈이런듯 살포시 다가와
말하네.
"샬롬, 시름을 내려놓고 평화에 잠기렴!"
(『참 소중한 당신』 2017년 12월 호)

동이 텄구나!

기지개를 펴고
마디마디 막힌 곳을 두드려보자.
곤비한 육신에
다시 힘이 붙게 시리.

가슴의 빗장을 풀고
구석구석 응어리를 문질러보자.
삐친 마음에
다시 사랑이 돌게 시리.

성경의 갈피를 열고
일점일획 말씀을 반추해 보자.
움츠러든 영혼에
다시 빛이 비치게 시리.

(『참 소중한 당신』 2016년 5월 호)

약속

황량한 모래땅도
척박한 돌밭도
네가 '내 이름으로' 옥토라 부르면
그것은 옥토다.

창백한 얼굴도
초라한 몰골도
네가 '내 이름으로' 아름다움이라 부르면
그것은 아름다움이다.

파리한 낙심도
처절한 실패도
네가 '내 이름으로' 감사라 부르면
그것은 감사다.

네가 '내 이름으로'
축복이라 부르는 것
그 모두가
이미 축복이다.

『참 소중한 당신』 2017년 1월 호)

아빠의 그늘

아버님!
이 이름으로 당신을 부르지 않겠습니다.
아버님 당신은 너무 높이 계십니다.

아버지!
이 친숙한 이름으로 당신을 부르겠습니다.
아버지 당신은 제가 기댈 바위입니다.

아빠!
무심결에 부르는 당신의 이름입니다.
아빠, 아빠는 제 생떼의 즐거운 수취인입니다.

(『참 소중한 당신』 2018년 6월 호)

"'나는 부자로서 풍족하여 모자람이 없다.' 하고
네가 말하지만, 사실은 비참하고 가련하고 가난하고
눈멀고 벌거벗은 것을 깨닫지 못한다"(묵시 3,17).

그분 비켜 계시면, 천하인들 무슨 의미랴.
그분 외면하시면, 어느 자랑이 소용이랴.
그분 섭리 거스르면, 웬 호사가 영화로우랴.
그분 감도 멈추시면, 어떤 지혜가 형통하랴.
그분 눈 감으신단들, 그 무엇이 감춰지랴.

(『사목정보』 2018년 7·8월 호)

초월(超越)

니체는,
한 생애
허무와 싸우며
초월(超越) 인간을 꿈꿨다지.

사색으로 초월에 이를 수 있을까.
권력으로 초월을 이룰 수 있을까.
당최 사람은 존재의 굴레를 "넘어 설" 수 있을까.
그럼으로 저기 저 꿈의 낙원에 도달할 수 있을까.

한 사람 있었네.
끝내 죄스런 십자가 쾌히 짊어지시고
미움 세상 넘어선 사람.
이윽고 불멸의 사랑 증거하고
죽음 누리 넘어선 사람.
그리하여 사랑이 초월의 지름길임을
설파한 사람.

『참 소중한 당신』 2016년 11월 호)

그리스도인의 향기

장미꽃을 담은 향낭은
장미꽃 향기를 풍긴다.
향낭이 향기여서가 아니다.

그리스도를 담은 나는
그리스도의 향기를 풍긴다.
내가 향기여서가 아니다.

내게서 그리스도의 향기가
흠씬 묻어나려면
내 안에 그리스도가 충만해야 한다.

어떻게 해야 그리스도가 내게 즐겨오실까.
어떻게 해야 그리스도의 향기가 내 안에 차고 넘칠까.
어떻게 해야 그리스도의 향기에 내가 취할까.

(『참 소중한 당신』 2017년 3월 호)

"모세가 손을 들면 이스라엘이 우세하고,
손을 내리면 아말렉이 우세하였다"(탈출 17,11).

저자가 죄인이다
라며 비난하던 손가락을 펼치고
이제 두 손을 들어 기도할 때다.
주여, 저희에게 자비를 베푸소서.

너 때문이다
라며 비수 꽂던 손가락을 마저 펼치고
이제 하늘 높이 두 손 들어 절규할 때다.
주여, 저희를 구원하소서.

내 까짓 게 뭐라고
하며 오그라든 손가락 곧게 펴고
이제 텅 빈 손바닥 하늘에 치켜들어 봉헌할 때다.
주여, 이 손을 섬김의 도구로 써주소서.

(『사목정보』 2019년 5·6월 호)

내 인생의 경이

서릿발 성긴 봄의 동토에
흩뿌려진 마른 씨앗들에서
황금물결 알곡을 본다.
농부는
행복하다.

드높은 십자가 꼭대기에
매달린 사나이의 창백한 몰골에서
만왕의 왕을 본다.
믿는 이는
복되다.

(『참 소중한 당신』 2017년 4월 호)

"나는 어떻게 해서든지 몇 사람이라도
구원하려고, 모든 이에게 모든 것이
되었습니다"(1코린 9,22).

먼저
주 예수님께서
어떻게 해서든지 몇 사람이라도 구원하려고,
사람이 되셨다.

가장 억울하고, 가장 절망적이고, 가장 비참한
십자가 죽음으로
밑바닥의 밑바닥에 이르렀을 때,
그분의 육화(incarnation)는
비로소 절정을 이뤘다.

그리하여 모든 이에게 모든 것이 되었다.
절대 기저에서 양팔을 벌린 채
추락하는 모든 생명을 받아 주고 계시니,
이 무상의 은총에서 누가 열외될 수 있으랴.

주 예수님께서 먼저 그리하셨고,
사도들도 기꺼이 그분의 뒤를 따랐으니,
우린들 어찌
"어떻게 해서든지"의 백방노력과
"몇 사람이라도"의 안타까움과
"모든 이에게 모든 것"의 머슴신원에
소홀하랴.

(『사목정보』 2019년 9·10월 호)

"우리에게서는 죽음이 약동하고
여러분에게서는 생명이 약동합니다"
(2코린 4,12).

우리 믿음의 선배와
우리 조상의 믿음이
겪어낸 죽음,
온갖 능욕과 박해와 고초,
거기에서 우리네 신앙이 잉태되어
한껏 생명이 약동했거늘,

우리 믿음의 후배와
우리 후손의 믿음이
오늘 뿜어내는 생명력이
비실비실한 것은
대관절 무슨 영문에서인가.

아 도대체
누구의 잘못이며
무엇이 문제인가.

우리에게 죽음이 약동하지 않으니
저네들에게 생명이 약동하지 않는구나.
아, 우리가 죽지 못해서
저네들이 살지 못하는 것이로구나.

(『사목정보』 2016년 9·10월 호)

"네 자식을 올바로 교육하고 그에게 공을 들여 그의 수치스러운 행동 때문에 다치는 일이 없게 하여라"(집회 30,13).

어린이는 착하지 않다.
아이들의 양심이 풋 자라면,
점점 그들은 잔인한 괴물이 될 수 있다.
어쩔 것인가.

어린이는 무서운 존재다.
아이들이 AI로봇−보모 젖을 먹고 자라면,
장차 그들은 영혼없는 초인류의 시조가 될 수 있다.
어쩔 것인가.

어린이는 묵시록 마지막 페이지다.
아이들이 예수 그리스도를 외면하면,
이윽고 그들은 적그리스도 세력이 될 수 있다.
어쩔 것인가.

(『사목정보』 2019년 3·4월 호)

"나 말고는 다른 신이 없다. 나는 빛을 만드는 이요 어둠을 창조하는 이다"

(이사 45,5.7).

눈이 있어도 보지 못하는 이들,
하늘 층층 별들의 궤적을 보고도
"신은 없다" 하네.

귀가 있어도 듣지 못하는 이들,
벼락 천둥의 불호령을 듣고도
"말씀은 없다" 하네.

머리가 있어도 깨닫지 못하는 이들,
빛과 공기의 고마움은 알면서도
"은혜는 없다" 하네.

영이 있어도 고장 난 이들,
한낱 피조물들에게 절을 하며
"이분이 우리 신이다" 하네.

고개가 있어도 숙이지 못하는 이들,
슈퍼 빅 인공지능 탑을 세워놓고
"호모데우스"를 연호하네.

(『사목정보』 2018년 3·4월 호)

"여러분은 그리스도의 추천서입니다"
(2코린 3,3).

교회가 문턱이 높으면,
사람들은 하느님을 접근불허의 금역이라고 생각한다.
교회가 박정하면,
사람들은 하느님을 에누리 모르는 무자비라고 여긴다.
교회가 앵무새처럼 정의만 외쳐대면,
사람들은 하느님을 위선자 꼰대라고 치부한다.

믿는 이가 속절없이 착하면,
사람들은 "믿는 사람은 뭔가 다르네" 하고 경탄한다.
믿는 이가 먹구름 날씨에도 노상 해맑으면,
사람들은 "뭔가 우리가 모르는 세상이 있는 모양이야"
한다.
믿는 이가 원수같은 존재를 조건없이 용서하면,
사람들은 거룩한 두려움에 "나도 한번 믿어볼까" 마음이
흔들린다.

(『사목정보』 2019년 11·12월 호)

"이들을 진리로 거룩하게 해 주십시오"
(요한 17,17).

"이들을 진리로 거룩하게 해 주십시오"!
이들은 누구인가?
진리란 무엇인가?
거룩하게 됨은 어떤 것인가?

제자를 일컬음에 내가 빠진다면,
무슨 염치로 나는 신앙인일까.
"거짓의 아비"(요한 8,44)作(작) 위조 진리에 나도 모르는 새
젖어있다면,
무슨 자격으로 나는 진리의 상속자일까.
마냥 스스로의 수고로 거룩해지려 한다면,
정녕 그리스도는 무슨 소용인가.

하늘 아래 엄연히
그리스도의 진리와 십자가, 그리하여 거룩한 이들 있거늘,
지금은 시(時)가 악하여, 진리가 유린당하는구나.
지금은 세(勢)가 흉흉하여, 거룩한 무리들이
휘청거리는구나.
지금은 구름마저 층층하여, 대사제(히브 2,17)의 간구도
막히는구나.

(『사목정보』 2018년 11·12월 호)

"예수님께서 예루살렘에 가까이 이르시어 그
도성을 보고 우시며 말씀하셨다. '오늘 너도 평화를
가져다주는 것이 무엇인지 알았더라면 ……!'"
(루카 19,41-42).

눈물이 난다.
도심대성전, 기도소리는 적막 속으로 잦아들고,
관광객들의 발걸음 소리
고색의 스테인드글라스에 비쳐든 희미한 햇살 사이를
북적이는,
쇠잔한 교회의 황혼을 바라보면
억장이 흔들린다.

탄식이 울컥인다.
특급호텔로 리모델링되어
나그네들의 숙소로 둔갑한,
한때 수백의 뜨거운 심장들이 바글대던
수도원 경당의 첨탑 외로이 우뚝한,
신앙의 폐허를 바라보면
비탄의 곡조가 꿈틀거린다.

두려움이 엄습한다.
동방 신비 문화의 이름으로
가게마다 집집마다 십자가 아래
모셔진 부처상의 미소,
은밀한 우상들의 잠입을 바라보면
파국의 예감에 소름이 돋는다.

(『사목정보』 2018년 5·6월 호)

**"내가 곧 간다. 네가 가진 것을 굳게 지켜,
아무도 네 화관을 빼앗지 못하게 하여라"**
(묵시 3,11).

새벽 허공을 까치울음처럼 날아든,
지금 내 곁에 계신 그분의 기별.
"내가 곧 간다."
지금 내 곁에 계신 그분이
다시 곧 오시니,
설렘에, 감동에, 이윽고 애모에
나 심장의 고동 드세게 재촉하리.

어느 날 화들짝 눈에 들어온,
여태 서럽도록 괄시받던 글자들,
보물처럼 귀한 그것들 위에 더해진 그분 말씀.
"네가 가진 것을 굳게 지켜"!
보물처럼 귀한 그것들이
바로 생명줄이니,
말씨 되고, 습관 되고, 급기야 인격이 되도록
나 길이 굳게 지키리.

곰곰 다독이는 마음결에 스며든,

지금 내 곁에 계시면서 다시 오실 그분의 밀어.

"그리하여 아무도 네 화관을 빼앗지 못하게 하여라."

지금 내 곁에 계시면서 다시 오실 그분께서

살 베고 피 흘려 '영원'의 화관 내어주셨으니,

꿇은 무릎으로, 깨인 정신으로, 끝내 의리로

나 영영 간직하리.

(『사목정보』 2016년 3·4월 호)

"저 사람들은 큰 환난을 겪어 낸 사람들이다.
저들은 어린양의 피로 자기들의 긴 겉옷을
깨끗이 빨아 희게 하였다"(묵시 7,14).

흰 두루마기의 사람들,
피를 뿌려서건
환난을 견뎌서건
땀을 흘려서건
끝장 믿음을 증거한 이들.

그 믿음 갸륵함에
어린 양의 피로 표백된
순수의 영광을 입었나니.

하느님 옥좌 지근에서
밤낮으로 찬미하는
특은 중에 있나니(묵시 7,15 참조).

"하느님께서는 그들의 눈에서 모든 눈물을 닦아 주실
것이다"(묵시 7,17).
약속 말씀 무색한
지복(至福)의 영원을 누리나니.

기억하리라.
본받으리라.
희망하리라.
(『사목정보』 2015년 9·10월 호)

"책들이 펼쳐졌습니다"(묵시 20,12).

책들의 책에는 과거가 고스란히 담겨있다.
책들의 책은 역사에 대한 통렬한 참회다.
책들의 책은 준엄하게 말한다.
"이러니 쫄딱 망하고 저러니 길이 흥하더라."

이 순간, 책들의 새 페이지가 기록되고 있다.
이 순간, 혹은 작게 혹은 크게,
혹은 느슨하게 혹은 치열하게
권력다툼의 이야기들이 기록되고 있다.
이 순간, 혹은 사사롭게 혹은 거창하게,
혹은 밋밋하게 혹은 격하게,
사랑의 이야기들이 기록되고 있다.

모든 책들이
장차 하늘과 땅의 위엄을 입으신 분 앞에 펼쳐질 것이다.
그 때, 우리 인생이 밀어붙인 믿음이 좌우를 가르리.
그 때, 우리 인생이 붙잡은 희망이 생사를 가르리.
그 때, 우리 인생이 수놓은 사랑이 최후의 조커가 되리.

(『사목정보』 2019년 1·2월 호)

"나는 그곳에서 성전을 보지 못하였습니다.
전능하신 주 하느님과 어린양이 도성의
성전이시기 때문입니다"(묵시 21,22).

시간의 법칙아래
꽃은 시들고 잎은 마른다.
지상에서 영원한 것은 없다.

시간의 잔인한 법칙아래
아무리 우뚝한 성전도 허물어진다.
이 땅위에 영원히 거룩한 것은 없다.

이전으로나 이후로나 끝없는 것은
알파요 오메가, 시간의 주재인 주님뿐.
위로나 아래로나 거룩한 것은
순도 100% 사랑인 그분성심뿐.

그리하여 영원한 성전은 그
분의 발등상이 머무는 곳뿐.
그리하여 그분 발등상이 옮겨지는 곳뿐.

(『사목정보』 2019년 7·8월 호)

PART 02

새로운 노래

우리 희망의 시작

가로수 잘린 팔뚝에서 뻗어난 가지,
봄마다
우리 희망의 스승일세.

입술가 하얀 치약 번쩍이는 전철역 노숙자,
기지개마다
우리 희망의 친구일세.

아침이면 어김없이 동트는 새벽,
날마다
우리 희망의 시작일세.

(『참 소중한 당신』 2017년 2월 호)

그랬으면 좋겠네

첫 마음,
묵은 마음,
새 마음.

물레방아처럼
돌아가는
마음의 궤적.

노상
그 마음이 그 마음이었으면
좋겠네.
(『참 소중한 당신』 2016년 1월 호)

산소바람

누군가를 위해 흘린
내 선한 눈물 한 방울,
새벽 초록 잎에 맺힌 이슬이었으면

버려진 한 뙈기 밭에 흘린
내 미련스러운 땀 한 푼,
목마른 나그네 장터에서 동냥한 한 모금 청량이었으면

비관의 분위기 설렁케 하는
내 철없는 미소 한 자락,
흑암 미세먼지 뚫고 산들 불어오는 산소바람이었으면

『참 소중한 당신』 2019년 4월 호)

새해에 날아든 희망 편지

17세기 스페인을 대표하는
위대한 작가이자 예수회 신부였던
발타사르 그라시안은 이렇게 말했다죠.
"우리가 실제로 가진 것은 시간뿐이다.
가진 것이라곤 아무것도 없는 이에게도 시간은 있다."

2015년 을미년 새해가 밝았습니다.
공짜 선물마냥 모두에게 똑같이 주어진 또 다른 한 해,
예기치 않은 은총이 독자님들의 날들에
뚝뚝 떨어지기를 기도드립니다.

새벽 기도처럼 길상한 축복의 연하장 3통.
독자님 한 분 한 분께 띄우는 소중한 응원입니다.

『참 소중한 당신』 2015년 1월 호)

"새 포도주는 새 부대에 담아야 한다"
(마태 9,17).

복되다.
해묵은 포도주 퀴퀴한 쉰내 풍기고
삭은 가죽 부대 검푸른 곰팡이 피울 때,
한결같은 외경으로
포도밭 일구는 하늘 농심.

복되다,
큰 몫의 일꾼들 태평무심하고
기둥 일꾼들 태연자약할 때,
소름 돋는 징조들에 끌끌끌 한숨이라도 나누며
새 술을 담을까 새 부대를 마련할까 모의하는
작은 가슴들.

복되다,
새벽이면 화들짝 깨어나 여명의 이슬 받아서
그 무엇도 담은 적 없는 옹기 항아리
치성으로 닦으며
내일의 활수(活水) 빚을 채비에
소망 들뜬 눈망울.

(『사목정보』 2018년 9·10월 호)

당겨 주심

독한 결심으로 안 되는 것,
희망은 해낸다.
목표가 당겨 주기 때문이다.

보통 희망으로 안 되는 것,
주 향한 희망은 해낸다.
주님이 당겨 주시기 때문이다.

주님은 불가능을 모르시며
주님은 포기를 모르시며
주님은 패배를 모르신다.
(『참 소중한 당신』 2018년 3월 호)

뒷심

사람은
희망의 농도만큼
용기 있다.

아무리 큰 걱정도
희망이 옹골차면
사라진다.

하물며, 하늘과 땅을 그느르시는 그분만을
오롯이 바라보는 이에게
무엇이 두려우랴.

(『참 소중한 당신』 2017년 7월 호)

"우리는 그분 말고는 다른 신을 알지 못합니다"(유딧 8,20).

저희가 알고 있는 유일한 이름이시여!
사노라며 스쳐온 온갖 현란한 유혹에도
당신께만 오롯이 순정을 바쳐왔사오니,
지금 위기의 수렁에 빠진 저희에게
구원의 동아밧줄 내리소서.

저희가 부르는 유일한 이름이시여!
생의 도상에서 겪어온 어떤 혹독한 고통에도
당신께만 외골수 탄원을 올려왔사오니,
시방 생존의 중압으로 신음하는 저희에게
희망의 응원 말씀 내리소서.

저희가 알고 있는 유일한 이름이시여,
저희가 부르는 유일한 이름이시여,
그리하여 저희가 사랑하는 유일한 이름이시여!
저희에게 자비를 베푸소서.
저희의 외눈박이 사랑에 화답하소서.

(『사목정보』 2017년 3·4월 호)

"그분의 오심은 새벽처럼 어김없다.
그분께서는 우리에게 비처럼,
땅을 적시는 봄비처럼 오시리라"(호세 6,3).

미세먼지 콜록거리며
이제런가 저제런가
가뭄의 희롱을 살아내는,
도심
고달픈 초목들에게
허공의 진액 이슬로 맺으며
새벽처럼
오소서.

파리한 목숨 흐느적거리며
찰나를 영원인 듯
존재의 무게를 견뎌내는,
변두리 길가
철 잃은 코스모스에게
스쳐가는 분무로라도
비처럼
오소서.

희망마저 짐스러워
하릴없이 탄식하며
망연히 하늘만 쳐다보는,
농촌
버려진 밭두렁 위로
하늘을 찢으시고
봄비처럼
오소서.

(『사목정보』 2016년 5·6월 호)

인내의 전설

푸르름을 땅에 묻고
끈질기게 혹한을 살아낸 봄동 배추의
고 쌉싸래한 달콤함은
우리에게 해마다 깨우침이다.

대한민국 대표 발레리나 강수진과
왕년의 국가대표 축구 스타 박지성의
고 문드러진 발가락은
우리에게 살아 있는 가르침이다.

전 세계 신앙의 방랑자들이 먼 길을 달려와
숙연히 참배하는 카타콤바(로마의 지하무덤)의,
고 의젓한 해골들은
우리에게 묵언의 희망이다.

(『참 소중한 당신』 2019년 3월 호)

"주님께 노래하여라, 새로운 노래를. 주님께 노래하여라, 온 세상아"(시편 96,1).

하늘의 침묵이
사무치게 서러운 날에는
소리 없는 흐느낌으로 노래하자.

영혼의 뜨락에
눈부신 햇살이 드리운 날에는
곡조 없는 휘파람으로 노래 부르자.

고난의 날들 위에
그분의 발자취 문득 선명한 날에는
"크시도다, 크시도다, 크시도다"를 연신 불러대자.

새노래는 새시대의 여명을 여는 선창(先唱)이니, 알렐루야.
새노래는 그분 영광의 구름떼 후렴이니, 알렐루야.
새노래는 슬플 때나 기쁠 때나 노상 우리의
흥얼거림이니, 아멘!

(『사목정보』 2017년 7·8월 호)

**"예전에 여러분이 빛을 받은 뒤에
많은 고난의 싸움을 견디어 낸 때를 기억해
보십시오"**(히브 10,32).

눈부시게 새하얀
빛의 쏟아짐에,
눈물, 콧물
하염없이 쏟아져 흘렀고
"너는 내 사랑이다"(이사 43,4 참조)
속삭임 나지막이 들려왔지.

쿵쾅거리는
심장의 박동
우리 첫사랑을 달궈댔고,
겁 모르던 순정은
희망을 향하여 질주하도록
나를 마구 몰아댔지.

사위지 않는 심저(心底)의 뜨거움에
아무리 냉혹한 고생도,
아무리 차디찬 고독도,
아무리 얼어붙은 낙심도
견뎌낼 수 있었지.

그 시절
그 가슴이라면
무엇이 두렵고
무엇인들 못하랴.
(『사목정보』 2016년 7·8월 호)

PART **03**

사랑의 기쁨

너희가 사랑을 아느냐

사랑을 말하지 마라
그 너비와 길이와 높이와 깊이를 몰라라 하려거든.

사랑을 꿈꾸지 마라
그 중력(重力)을 모르는 체 하려거든.

사랑하지 마라
터럭만한 조건이라도 붙이려거든.

(『참 소중한 당신』 2016년 2월 호)

알던 외국어

미안해요,
배려 한 마디에 분이 스스르,
고마워요,
미소 한 다발에 어깨가 으쓱,
사랑해요,
포옹 한 아름에 가슴이 쿵쾅,

내가 그러하듯이 그도 그럴까
내 맘이 하릴없듯이 그녀 맘도 그렇겠지.

망설이다가
살금살금 배워보는, 알던 외국어.
미안해요
고마워요
사랑해요

(『참 소중한 당신』 2016년 9월 호)

사랑 셋

셋째 사랑이 말한다.
나는 느낌을 따를 테야.
소리가 말한다.
그러렴, 너를 에로스(eros)라 부르마.

둘째 사랑이 말한다.
나는 지혜를 따를 테야.
소리가 말한다.
그러렴, 너를 필리아(philia)라 부르마.

첫째 사랑이 말한다.
나는 절제를 따를 테야.
소리가 말한다.
그러렴, 너를 아가페(agape)라 부르마.

(『참 소중한 당신』 2018년 1월 호)

사랑은

사랑은 "무엇보다도" 존귀합니다.
사랑은 언제나 "먼저" 움직입니다.
사랑은 "서로"를 하늘품으로 포옹합니다.
사랑은 "한결같이" 인내합니다.
사랑은 "사랑하십시오"를
눈물과 용서와 자비로 증거합니다.

(『참 소중한 당신』 2017년 5월 호)

사랑의 기쁨

여태 설렘으로 살아왔다.
그것의 이름도 모른 채
그것에 홀려서
때론 이끌림으로 때론 흔들림으로
비틀거리다가 가누다가
하면서
용케 여기까지 왔다.

이제사 그 이름이 궁금하다.
그것은 사랑이었을까.
오늘 그 실체를 알고 싶다.
나를 움직여온 그것의
원소기호를 확인하고 싶다.

멀건 가깝건 만추의 마지막 날을
생각할 줄 알아야 한다.
이윽고 마지막 잎새를 떨구어야 할 때,
사위지 못한 불꽃과 전하지 못한 감사를
뒤로 하며 못내 아쉬워하지 않으려면,
노상 우리는 물어야 한다.
이것은 사랑일까.

『참 소중한 당신』 2018년 12월 호)

벽들의 파업

똑똑
들릴락 말락
엠마오 길손
문밖에서
노크하는 소리.

누구세요
놀란 듯 설렌 듯
귀 밝은 내 영혼
멍든 가슴 어르며
망설이는 소리.

똑똑똑
익숙한 고요로
저예요 저
그분 사랑채
사모하는 소리.
(『참 소중한 당신』 2019년 6월 호)

용서의 계보

살인자요 가정파괴자였던
다윗을 살려준 것은
자비였다.

주님을 세 번 배반한
베드로에게 교황직을 유임시킨 것은
용서였다.

무자비한 박해자였던
사울을 사도 바오로로 변신시킨 것은
십자가였다.

어느 무딘 생각이 그분의 자비를 부정할 수 있으며,
어느 삐딱한 마음이 그분의 용서를 의심할 수 있으랴.
(『참 소중한 당신』 2018년 4월 호)

너는 내 사랑

네가 무릎을 꿇기 전에
나 너를 반긴다.

네가 입술을 떼기 전에
나 너를 듣는다.

네가 눈물을 흘리기 전에
나 함께 흐느낀다.

네가 너무 늦었다고 단념하기 전에
나 네게 응답한다.

나는 네 하느님
네 오장육부를 만드신 이다.

(『참 소중한 당신』 2016년 10월 호)

"낮 동안 주님께서 당신 자애를 베푸시면 나는 밤에 그분께 노래를 […] 올리네"

(시편 42,9).

어찌 낮 동안뿐이랴.
야훼의 자애 밤낮없이 내리시거늘.
어찌 밤에 뿐이랴.
내 입술 밤낮없이 찬미올리거늘.

어찌 자애를 베푸실 때뿐이랴.
주님의 판단 마냥 옳으시거늘.
어찌 자애 때문이랴.
자애만이 자애가 아니거늘.

어찌 받은 연후에랴.
미리 올릴 때 더 반기시거늘.
어찌 나중에랴.
먼저 바칠 때 더욱 큰일 이루시거늘.

(『사목정보』 2016년 11·12월 호)

"주님의 자애는 영원하시다"(시편 136,1).

자나 깨나 하늘 뜻을 거스르는
강퍅한 족속들에게도
회개의 문을 활짝 열어놓으셨으니,
주님의 자애는 영원하시다.

일곱 번의 일흔 배
철천지원수를
용서하라 명하시니,
주님의 자애는 영원하시다.

멸망으로 치닫는
인류를 위하여
기도하고, 기도하고, 또 기도하라 하시니,
주님의 자애는 영원하시다.

천길 슬픔의 심연에서
흐느끼는 심령도
눈동자처럼 헤아리시니,
주님의 자애는 영원하시다.

고통도 수치도 상처도
합하여
선을 이루시니,
주님의 자애는 영원하시다.

(『사목정보』 2015년 11·12월 호)

PART 04

어머니

당신들의 그것이

묵주를 들고
하염없이 중얼거리는
모정.
당신들의 그것이
내 어머니외다.

희망의 깃발 들고
사욕없이 질주하는
열정.
당신들의 그것이
내 형제들이외다.

(『참 소중한 당신』 2017년 6월 호)

또 하나의 셈법

하늘의 셈은 엄정하다.
한 이불을 덮고 있어도
서로 다른 신을 모시면
영영 남남이다.

하늘의 셈은 넉넉하다.
지구 반대편에 다른 색깔로 살고 있어도
한 하느님 바라보면
형제요 누이다.

하늘의 셈은 절절하다.
비록 한 사람을 위한 것일지라도
타고난 모성으로 대속의 눈물 흘리면
인류를 품는 성모통고의 전구다.

『참 소중한 당신』 2019년 5월 호)

가족애의 향수

어머니를 모시자.
열여섯 나이에 미혼모의 고역을 치르고
모진 피난길 찬미가로 견뎌낸 어머니.
삶이 슬며시 처량해질 때면, 어머니를 부르자.

어머니를 모시자.
벅찬 것은 무엇이건 숙성의 여백에 맡기고
곰곰 한가로움을 즐기신 어머니.
생이 곤혹스러울 때면, 어머니를 부르자.

어머니를 모시자.
능멸과 처단의 길 뚜벅뚜벅 걸으시는
외아드님을 침묵으로 동행하신 어머니.
문득 억울함이 치밀 때면, 어머니를 부르자.

(『참 소중한 당신』 2018년 5월 호)

PART 05

새로움의 탄생

학교 가는 첫날

새 학년,
새 친구,
새 선생님…
떨리는 설렘으로 시작을 맞이하던 날.

그 날,
새 도전, 새 희망, 새 인생이
슬며시
건방졌네.

이 봄
용서받은 그 호기
새록새록 동면에서 깨어나
생(生)의 학교 개근하려 바지런을 떠는가.

(『참 소중한 당신』 2015년 3월 호)

심기일전

심기일전.
마음(心)의
기틀(機)을
한 번(一)
바꾼다(轉).

순우리말로, 마음가짐을 확 고쳐먹는다!
영어로는, "turn over a new leaf",
번역하면, "새 페이지를 펼치다".

하나같이
새로움의 탄생을 위해
우리들에게 유보된 선택의 몫입니다.

이 축복된 4월,
예수님의 부활과 함께 선사된
초대이기도 하구요.

(『참 소중한 당신』 2015년 4월 호)

그들이 모르는 단어

성공한 CEO들을 연구한 데일 카네기의 통계를 보면,
그들에게 없는 언어, 그들이 전혀 모르는 단어가 있다.
바로 '없다', '잃었다', '한계가 있다'(안 된다)였다.

없다? 그런 말을 그들은 쓸 줄 모른다.
없는 걸 만들어내는 사람들이니까.
둘러보면 반드시 그 대체물이라도 있으니까.

잃었다? 이런 말이 그들에겐 정확한 표현이 아니다.
어느 경우에도 반대급부로 얻은 것이 있으니까.
깨달음이든, 지혜든, 아니면 새옹지마 격이든 무엇이건
새롭게 습득한 것이 있으니까.

안 된다? 이런 말도 그 사람들은 모른다.
알아도 아예 안 쓴다.
지금까지 그랬다는 것이지,
아직 그것이 결론이 아니니까.
언젠가 될 수도 있으니까.

『참 소중한 당신』 2019년 11월 호)

도전하는 삶

행복도 불행도, 희망도 절망도,
결국 우리의 마음가짐에 달려 있다.

처칠은 이렇게 말한다.
"비관론자는 매번 기회가 찾아와도 고난을 본다.
낙관론자는 매번 고난이 찾아와도 기회를 본다."

그렇다. 긍정적으로, 적극적으로,
도전하려는 의욕으로 바라보면,
위기도 기회로 보이는 것이다.

(『참 소중한 당신』 2019년 12월 호)